Ángeles en nuestra vida: cómo contactarlos y vivir en sintonía con el universo

Autoconocimiento y Desarrollo Espiritual, Volume 1

Ana Mafalda Damião

Published by Ana Mafalda Damião, 2024.

ÁNGELES EN NUESTRA VIDA: CÓMO CONTACTARLOS Y VIVIR EN SINTONÍA CON EL UNIVERSO

First edition. March 21, 2024.

Copyright © 2024 Ana Mafalda Damião.

ISBN: 979-8224129454

Written by Ana Mafalda Damião.

Also by Ana Mafalda Damião

Autoconocimiento y Desarrollo Espiritual
Ángeles en nuestra vida: cómo contactarlos y vivir en sintonía con el universo

Aventuras para crianças
Paco: Uma Aventura de Coração

Desenvolvimento Pessoal e Espiritual
Meditação Kind/mindfulness: Programa de 84 dias para mudar a sua vida

Self-awareness
Therapeutic Writing - the Power of Writing in Personal Transformation

Self-Knowledge and Spiritual Development
Angels in Our Life - How to Contact Them and Live in Harmony with the Universe

Introducción

Cuando nacemos, Dios envía a la Tierra un ángel que tiene la misión de cuidarnos durante toda nuestra vida. Nuestro ángel de la guarda está con nosotros en todos los momentos; acompaña nuestras alegrías y tristezas, preocupaciones y sueños; nos guía en los momentos confusos y nos protege de las cosas menos buenas; vela por nosotros mientras dormimos y guía nuestros pasos cuando estamos despiertos(as). Somos una chispa divina, una luz en la Tierra, y venimos al mundo para ser felices, para amar y ser amados(as). En este camino de amor, nuestro ángel cuida de nosotros.

Jerarquía angelical

Los estudiosos de la Cábala (tradición esotérica de los hebreos) desplegaron el nombre de Dios – JEHOVÁ y le añadieron los nombres divinos IAH, EL, AEL, IEL para, con estos despliegues y terminaciones, crear los nombres de los 72 ángeles de la guarda.

Cada ángel de la guarda tiene influencia en 5 días de nuestro calendario, lo que suma 360 días. Faltaron 5 días para completar el año y los cabalistas dedicaron estas fechas a los ángeles o genios de la humanidad.

Todos los ángeles están integrados en una jerarquía que se forma por 3 órdenes, y cada orden está constituida por 3 coros. Los coros son liderados por un príncipe que gobierna 8 ángeles.

Primera orden – Controla el equilibrio universal y la manifestación de la voluntad de Dios. Los tres coros de esta orden son:

1 – Serafines – El coro angelical más elevado. Los Serafines son conocidos como los ángeles del amor. Príncipe: Metatrón

Ángeles: 1 a 8

2 – Querubines – Estos ángeles tienen la función de guardar los registros sagrados y revelar el poder y la gloria de Dios. Príncipe: Haziel

Ángeles: 9 a 16

3 – Tronos – Tienen como misión inspirar, en el corazón de los hombres, la fe en el poder de Dios. Príncipe: Tsaphkiel

Ángeles: 17 a 24

Segunda orden – Representa el poder de Dios y tiene la misión de gobernar los planetas, en especial la Tierra. Ejecuta las órdenes de los ángeles de la primera orden y dirige a los de la tercera orden. Los tres coros de esta orden son:

1 – Dominaciones – Su misión es mantener el orden en el cosmos y ayudar en las emergencias. Príncipe: Tsadkiel

Ángeles: 25 a 32

2 – Potestades – Tienen como misión guardar y defender el orden en el Cielo y no dejar que los ángeles del mal destruyan el mundo. Príncipe: Camael

Ángeles: 33 a 40

3 – Virtudes – Cuidan del movimiento de los planetas, de las estrellas y galaxias y controlan las leyes cósmicas. Protegen la naturaleza y orientan las misiones kármicas. Príncipe: Rafael

Ángeles: 41 a 48

Tercera orden – Guía y protege a la humanidad y eleva nuestras oraciones a Dios. Los tres coros de esta orden son:

1 - Principados – Protegen a los gobernantes de la Tierra, iluminándolos para que sus actos sean justos. Príncipe: Haniel

Ángeles: 49 a 56

2 – Arcángeles – Protegen el mundo, luchando contra Satanás y sus legiones. Transmiten los mensajes importantes y aseguran la sabiduría y los buenos relacionamientos. Príncipe: Miguel

Ángeles: 57 a 64

3 – Ángeles – Son los intermediarios entre Dios y los hombres. Príncipe: Gabriel Ángeles: 65 a 72

72 ángeles cabalísticos

En las siguientes páginas y con su fecha de nacimiento, puede confirmar cuál es su ángel de la guarda, la orden a la que pertenece y cuál es el príncipe que la lidera.

Nº 1 – Ángel Vehuiah

Orden - Serafines

Príncipe - Metatrón

Fechas de nacimiento - 20/03, 01/06, 13/08, 25/10, 06/01

Nº 2 – Ángel Jeliel

Orden - Serafines

Príncipe – Metatrón

Fechas de nacimiento - 21/03, 02/06, 14/08, 26/10, 07/01

Nº 3 – Ángel Sitael

Orden – Serafines

Príncipe – Metatrón

Fechas de nacimiento - 22/03, 03/06, 15/08, 27/10, 08/01

Nº 4 – Ángel Elemiah

Orden – Serafines

Príncipe – Metatrón

Fechas de nacimiento - 23/03, 04/06, 16/08, 28/10, 09/01

Nº 5 – Ángel Mahasiah

Orden – Serafines

Príncipe – Metatrón

Fechas de nacimiento - 24/03, 05/06, 17/08, 29/10, 10/01

Nº 6 – Ángel Lelahel

Orden – Serafines

Príncipe – Metatrón

Fechas de nacimiento - 25/03, 06/06, 18/08, 30/10, 11/01

Nº 7 – Ángel Achaiah

Orden – Serafines

Príncipe – Metatrón

Fechas de nacimiento - 26/03, 07/06, 19/08, 31/10, 12/01

Nº 8 – Ángel Cahethel

Orden – Serafines

Príncipe – Metatrón

Fechas de nacimiento - 27/03, 08/06, 20/08, 01/11, 13/01

Nº 9 – Ángel Haziel

Orden – Querubines

Príncipe – Haziel

Fechas de nacimiento - 28/03, 09/06, 21/08, 02/11, 14/01

Nº 10 – Ángel Aladiah

Orden – Querubines

Príncipe – Haziel

Fechas de nacimiento - 29/03, 10/06, 22/08, 03/11, 15/01

Nº 11 – Ángel Laoviah

Orden – Querubines

Príncipe – Haziel

Fechas de nacimiento - 30/03, 11/06, 23/08, 04/11, 16/01

Nº 12 – Ángel Hahahiah

Orden – Querubines

Príncipe – Haziel

Fechas de nacimiento - 31/03, 12/06, 24/08, 05/11, 17/01

Nº 13 – Ángel Yesalel

Orden – Querubines

Príncipe – Haziel

Fechas de nacimiento - 01/04, 13/06, 25/08, 06/11, 18/01

Nº 14 – Ángel Mebahel

Orden – Querubines
Príncipe – Haziel
Fechas de nacimiento - 02/04, 14/06, 26/08, 07/11, 19/01

Nº 15 – Ángel Hariel

Orden – Querubines
Príncipe – Haziel
Fechas de nacimiento - 03/04, 15/06, 27/08, 08/11, 20/01

Nº 16 – Ángel Hekamiah

Orden – Querubines
Príncipe – Haziel
Fechas de nacimiento - 04/04, 16/06, 28/08, 09/11, 21/01

Nº 17 – Ángel Lauviah

Orden – Tronos
Príncipe – Tsaphkiel
Fechas de nacimiento - 05/04, 17/06, 29/08, 10/11, 22/01

Nº 18 – Ángel Caliel

Orden – Tronos
Príncipe – Tsaphkiel
Fechas de nacimiento - 06/04, 18/06, 30/08, 11/11, 23/01

Nº 19 – Ángel Leuviah

Orden – Tronos
Príncipe – Tsaphkiel
Fechas de nacimiento - 07/04, 19/06, 31/08, 12/11, 24/01

Nº 20 – Ángel Pahaliah

Orden – Tronos
Príncipe – Tsaphkiel
Fechas de nacimiento - 08/04, 20/06, 01/09, 13/11, 25/01

Nº 21 – Ángel Nelchael

Orden – Tronos
Príncipe – Tsaphkiel
Fechas de nacimiento - 09/04, 21/06, 02/09, 14/11, 26/01

Nº 22 – Ángel Ieiaiel

Orden – Tronos

Príncipe – Tsaphkiel

Fechas de nacimiento - 10/04, 22/06, 03/09, 15/11, 27/01

Nº 23 – Ángel Melahel

Orden – Tronos

Príncipe – Tsaphkiel

Fechas de nacimiento - 11/04, 23/06, 04/09, 16/11, 28/01

Nº 24 – Ángel Haheuiah

Orden – Tronos

Príncipe – Tsaphkiel

Fechas de nacimiento - 12/04, 24/06, 05/09, 17/11, 29/01

Nº 25 – Ángel Nith-Haiah

Orden – Dominaciones

Príncipe – Tsadkiel

Fechas de nacimiento - 13/04, 25/06, 06/09, 18/11, 30/01

Nº 26 – Ángel Haaiah

Orden – Dominaciones

Príncipe – Tsadkiel

Fechas de nacimiento - 14/04, 26/06, 07/09, 19/11, 31/01

Nº 27 – Ángel Ierathel

Orden – Dominaciones

Príncipe – Tsadkiel

Fechas de nacimiento - 15/04, 27/06, 08/09, 20/11, 01/02

Nº 28 – Ángel Seheiah

Orden – Dominaciones

Príncipe – Tsadkiel

Fechas de nacimiento - 16/04, 28/06, 09/09, 21/11, 02/02

Nº 29 – Ángel Reyel

Orden – Dominaciones

Príncipe – Tsadkiel

Fechas de nacimiento - 17/04, 29/06, 10/09, 22/11, 03/02

Nº 30 – Ángel Omael

Orden – Dominaciones
Príncipe – Tsadkiel
Fechas de nacimiento - 18/04, 30/06, 11/09, 23/11, 04/02

Nº 31 – Ángel Lecabel

Orden – Dominaciones
Príncipe – Tsadkiel
Fechas de nacimiento - 19/04, 01/07, 12/09, 24/11, 05/02

Nº 32 – Ángel Vasahiah

Orden – Dominaciones
Príncipe – Tsadkiel
Fechas de nacimiento - 20/04, 02/07, 13/09, 25/11, 06/02

Nº 33 – Ángel Iehuiah

Orden – Potestades
Príncipe – Camael
Fechas de nacimiento - 21/04, 03/07, 14/09, 26/11, 07/02

Nº 34 – Ángel Lehahiah

Orden – Potestades
Príncipe – Camael
Fechas de nacimiento - 22/04, 04/07, 15/09, 27/11, 08/02

Nº 35 – Ángel Chavakiah

Orden – Potestades
Príncipe – Camael
Fechas de nacimiento - 23/04, 05/07, 16/09, 28/11, 09/02

Nº 36 – Ángel Menadel

Orden – Potestades
Príncipe – Camael
Fechas de nacimiento - 24/04, 06/07, 17/09, 29/11, 10/02

Nº 37 – Ángel Aniel

Orden – Potestades
Príncipe – Camael
Fechas de nacimiento - 25/04, 07/07, 18/09, 30/11, 11/02

Nº 38 – Ángel Haamiah

Orden – Potestades

Príncipe – Camael

Fechas de nacimiento - 26/04, 08/07, 19/09, 01/12, 12/02

Nº 39 – Ángel Rehael

Orden – Potestades

Príncipe – Camael

Fechas de nacimiento - 27/04, 09/07, 20/09, 02/12, 13/02

Nº 40 – Ángel Ieiazel

Orden – Potestades

Príncipe – Camael

Fechas de nacimiento - 28/04, 10/07, 21/09, 03/12, 14/02

Nº 41 – Ángel Hahahel

Orden – Virtudes

Príncipe – Rafael

Fechas de nacimiento - 29/04, 11/07, 22/09, 04/12, 15/02

Nº 42 – Ángel Mikael

Orden – Virtudes

Príncipe – Rafael

Fechas de nacimiento - 30/04, 12/07, 23/09, 05/12, 16/02

Nº 43 – Ángel Veuliah

Orden – Virtudes

Príncipe – Rafael

Fechas de nacimiento - 01/05, 13/07, 24/09, 06/12, 17/02

Nº 44 – Ángel Yelaiah

Orden – Virtudes

Príncipe – Rafael

Fechas de nacimiento - 02/05, 14/07, 25/09, 07/12, 18/02

Nº 45 – Ángel Sealiah

Orden – Virtudes

Príncipe – Rafael

Fechas de nacimiento - 03/05, 15/07, 26/09, 08/12, 19/02

Nº 46 – Ángel Ariel

Orden – Virtudes
Príncipe – Rafael
Fechas de nacimiento - 04/05, 16/07, 27/09, 09/12, 20/02

Nº 47 – Ángel Asaliah
Orden – Virtudes
Príncipe – Rafael
Fechas de nacimiento - 05/05, 17/07, 28/09, 10/12, 21/02

Nº 48 – Ángel Mihael
Orden – Virtudes
Príncipe – Rafael
Fechas de nacimiento - 06/05, 18/07, 29/09, 11/12, 22/02

Nº 49 – Ángel Vehuel
Orden – Principados
Príncipe – Haniel
Fechas de nacimiento - 07/05, 19/07, 30/09, 12/12, 23/02

Nº 50 – Ángel Daniel
Orden – Principados
Príncipe – Haniel
Fechas de nacimiento - 08/05, 20/07, 01/10, 13/12, 24/02

Nº 51 – Ángel Hahasiah
Orden – Principados
Príncipe – Haniel
Fechas de nacimiento - 09/05, 21/07, 02/10, 14/12, 25/02

Nº 52 – Ángel Imamaiah
Orden – Principados
Príncipe – Haniel
Fechas de nacimiento - 10/05, 22/07, 03/10, 15/12, 26/02

Nº 53 – Ángel Nanael
Orden – Principados
Príncipe – Haniel
Fechas de nacimiento - 11/05, 23/07, 04/10, 16/12, 27/02

Nº 54 – Ángel Nithael

Orden – Principados
Príncipe – Haniel
Fechas de nacimiento - 12/05, 24/07, 05/10, 17/12, 28 y 29/02
Nº 55 – Ángel Mebahiah
Orden – Principados
Príncipe – Haniel
Fechas de nacimiento - 13/05, 25/07, 06/10, 18/12, 01/03
Nº 56 – Ángel Poiel
Orden – Principados
Príncipe – Haniel
Fechas de nacimiento - 14/05, 26/07, 07/10, 19/12, 02/03
Nº 57 – Ángel Nemamiah
Orden – Arcángeles
Príncipe – Miguel
Fechas de nacimiento - 15/05, 27/07, 08/10, 20/12, 03/03
Nº 58 – Ángel Ieialel
Orden – Arcángeles
Príncipe – Miguel
Fechas de nacimiento - 16/05, 28/07, 09/10, 21/12, 04/03
Nº 59 – Ángel Harahel
Orden – Arcángeles
Príncipe – Miguel
Fechas de nacimiento - 17/05, 29/07, 10/10, 22/12, 05/03
Nº 60 – Ángel Mitzrael
Orden – Arcángeles
Príncipe – Miguel
Fechas de nacimiento - 18/05, 30/07, 11/10, 23/12, 06/03
Nº 61 – Ángel Umabel
Orden – Arcángeles
Príncipe – Miguel
Fechas de nacimiento - 19/05, 31/07, 12/10, 24/12, 07/03
Nº 62 – Ángel Iah-Hel

Orden – Arcángeles
Príncipe – Miguel
Fechas de nacimiento - 20/05, 01/08, 13/10, 25/12, 08/03

Nº 63 – Ángel Anauel

Orden – Arcángeles
Príncipe – Miguel
Fechas de nacimiento - 21/05, 02/08, 14/10, 26/12, 09/03

Nº 64 – Ángel Mehiel

Orden – Arcángeles
Príncipe – Miguel
Fechas de nacimiento - 22/05, 03/08, 15/10, 27/12, 10/03

Nº 65 – Ángel Damabiah

Orden – Ángeles
Príncipe – Gabriel
Fechas de nacimiento - 23/05, 04/08, 16/10, 28/12, 11/03

Nº 66 – Ángel Manakel

Orden – Ángeles
Príncipe – Gabriel
Fechas de nacimiento - 24/05, 05/08, 17/10, 29/12, 12/03

Nº 67 – Ángel Ayel

Orden – Ángeles
Príncipe – Gabriel
Fechas de nacimiento - 25/05, 06/08, 18/10, 30/12, 13/03

Nº 68 – Ángel Habuhiah

Orden – Ángeles
Príncipe – Gabriel
Fechas de nacimiento - 26/05, 07/08, 19/10, 31/12, 14/03

Nº 69 – Ángel Rochel

Orden – Ángeles
Príncipe – Gabriel
Fechas de nacimiento - 27/05, 08/08, 20/10, 01/01, 15/03

Nº 70 – Ángel Yabamiah

Orden – Ángeles
Príncipe – Gabriel
Fechas de nacimiento - 28/05, 09/08, 21/10, 02/01, 16/03
Nº 71 – Ángel Haiaiel
Orden – Ángeles
Príncipe – Gabriel
Fechas de nacimiento - 29/05, 10/08, 22/10, 03/01, 17/03
Nº 72 – Ángel Mumiah
Orden – Ángeles
Príncipe – Gabriel
Fechas de nacimiento - 30/05, 11/08, 23/10, 04/01, 18/03
Ángeles o Genios de la humanidad: Aquellos que nacieron el 5 de enero, 19 de marzo, 31 de mayo, 12 de agosto y 24 de octubre.

Significado de los nombres de los ángeles en hebreo

1° Ángel – Vehuiah – Dios elevado y exaltado sobre todas las cosas

2° Ángel – Jeliel – Dios que socorre

3° Ángel – Sitael – Dios esperanza de todas las criaturas

4° Ángel – Elemiah – Dios oculto

5° Ángel – Mahasiah – Dios salvador

6° Ángel – Lelahel – Dios loable

7° Ángel – Achaiah – Dios bueno y paciente

8° Ángel – Cahethel – Dios de la abundancia

9° Ángel – Haziel – Dios de la misericordia

10° Ángel – Aladiah – Dios amabilísimo

11° Ángel – Laoviah – Dios loado y exaltado

12° Ángel – Hahahiah – Dios de refugio

13° Ángel – Yesalel – Dios glorificado

14° Ángel – Mebahel – Dios conservador

15° Ángel – Hariel – Dios creador

16° Ángel – Hekamiah – Dios construye el universo

17° Ángel – Lauviah – Dios admirable

18° Ángel – Caliel – Dios listo para acoger

19° Ángel – Leuviah – Dios que acoge a los pecadores

20° Ángel – Pahaliah – Dios redentor

21° Ángel – Nelchael – Dios único y solo

22° Ángel – Ieiaiel – Dios justo y perfecto

23º Ángel – Melahel – Dios que nos libra de los males

24º Ángel – Haheuiah – Dios bueno por sí mismo

25º Ángel – Nith-Haiah – Dios que da sabiduría

26º Ángel – Haaiah – Dios oculto

27º Ángel – Ierathel – Dios castigador de los malos

28º Ángel – Seheiah – Dios que cura a los enfermos

29º Ángel – Reyel – Dios listo para socorrer

30º Ángel – Omael – Dios paciente

31º Ángel – Lecabel – Dios que inspira

32º Ángel – Vasahiah – Dios piadoso

33º Ángel – Iehuiah – Dios conocedor de todas las cosas

34º Ángel – Lehahiah – Dios clemente

35º Ángel – Chavakiah – Dios que da alegría

36º Ángel – Menadel – Dios adorable

37º Ángel – Aniel – Dios de las virtudes

38º Ángel – Haamiah – Dios esperanza de todos los hijos de la tierra

39º Ángel – Rehael – Dios que acoge a los pecadores

40º Ángel – Ieiazel – Dios que da alegría

41º Ángel – Hahahel – Dios en tres personas

42º Ángel – Mikael – La casa de Dios

43º Ángel – Veuliah – Dios dominador

44º Ángel – Yelaiah – Dios eterno

45º Ángel – Sealiah – Dios motor de todas las cosas

46º Ángel – Ariel – Dios revelador

47º Ángel – Asaliah – Dios justo que señala la verdad

48º Ángel – Mihael – Dios padre que socorre

49º Ángel – Vehuel – Dios grande y elevado

50º Ángel – Daniel – Señor vida de las misericordias

51º Ángel – Hahasiah – Dios oculto

52º Ángel – Imamaiah – Dios por encima de todas las cosas

53º Ángel – Nanael – Dios que humilla a los orgullosos

54º Ángel – Nithael – Rey de los cielos

55º Ángel – Mebahiah – Dios eterno

56º Ángel – Poiel – Dios que sostiene el universo

57º Ángel – Nemamiah – Dios loable

58º Ángel – Ieialel – Dios que acoge a las generaciones

59º Ángel – Harahel – Dios de la sabiduría

60º Ángel – Mitzarel – Dios que consuela a los oprimidos

61º Ángel – Umabel – Dios sobre todo

62º Ángel - Iah-Hel – Ser supremo

63º Ángel – Anauel – Dios infinitamente bueno

64º Ángel – Mehiel – Dios vivificador

65º Ángel – Damabiah – Dios fuente de conocimiento

66º Ángel – Manakel – Dios que apoya y mantiene todo sobre el mundo

67º Ángel – Ayel – Dios delicia de los niños

68º Ángel – Habuhiah – Dios de bondad

69º Ángel – Rochel – Dios que todo lo ve

70º Ángel – Yabamiah – Verbo que crea todas las cosas

71º Ángel – Haiaiel – Dios señor del universo

72º Ángel – Mumiah – Omega, el fin de todo

Nosotros y los ángeles de la guarda

Todos tenemos un ángel de la guarda, pero también tenemos un genio contrario que siempre está intentando tentarnos para hacer cosas no tan buenas. Este genio contrario se acerca siempre que el ángel de la guarda se aleja. Por eso, debemos mantener siempre un contacto cercano con nuestro ángel y evitar irritarnos, ser impacientes, intolerantes, mirar la vida de forma negativa... Los ángeles son energía, una materia muy ligera, y están en un plano superior. Para acercarse a nosotros, a nuestro campo de energía, nuestras emociones deben ser ligeras. La ira, el odio, el rencor, la tristeza, la envidia... son emociones muy fuertes que crean una energía muy densa que no permite que los ángeles se acerquen. Hay, en cada uno de nosotros, rasgos de personalidad que están íntimamente ligados a nuestro ángel de la guarda y cuando nos dejamos envolver por la negatividad manifestamos las características del genio contrario. Conocerlas es una forma de evitarlas conscientemente. Busque a su ángel en las páginas siguientes, y conozca las características de su personalidad que le están directamente ligadas.

1º Ángel - Vehuiah (20/03, 01/06, 13/08, 25/10, 06/01) Los nacidos bajo la protección de este ángel son muy curiosos y están en una búsqueda constante de la verdad. Interiormente son seres equilibrados, optimistas y con una gran capacidad de adaptación. Valoran la amistad y la familia. Tienen tendencia a grandes pasiones aunque, muchas veces, sean poco duraderas. Revelan gran capacidad de aprendizaje en las áreas de la ciencia y las artes, donde podrán brillar. Estos seres adoran la vida social y poseen un fuerte magnetismo. Cuando el genio contrario domina – se vuelven agresivos.

2º Ángel - Jeliel (21/03, 02/06, 14/08, 26/10, 07/01) Los que nacen bajo la protección de este ángel son muy impacientes y tienen tendencia a hacer todo demasiado rápido. Las largas exposiciones les incomodan, porque siempre tienen la sensación de que ya saben todo. Son muy intuitivos y reconocen de inmediato la diferencia entre lo que está bien y lo que está mal. Saben que tienen una misión que cumplir en la Tierra y viven emociones muy fuertes condenando, sobre todo, la violencia. Revelan un sentido del humor que les hace encontrar y mantener muchos amigos a lo largo de la vida. Cuando el genio contrario domina – se vuelven egoístas e insensibles.

3º Ángel – Sitael (22/03, 03/06, 15/08, 27/10, 08/01) Los nacidos bajo la influencia de Sitael son seres muy afortunados, con gran capacidad para alcanzar un alto nivel económico. Son luchadores por naturaleza, no se dan por vencidos fácilmente en sus objetivos. Por orgullo, tienen dificultad para pedir ayuda incluso en los momentos difíciles. A pesar de ello, viven rodeados de amigos, adorando todo lo que tiene que ver con la vida social. Son seres muy cultos y con gran capacidad para perdonar. Cuando el genio contrario domina – pueden volverse personas ingratas.

4º Ángel - Elemiah (23/03, 04/06, 16/08, 28/10, 09/01) Quienes nacen bajo la influencia de este ángel son seres muy místicos, que conocen su verdadera misión en la Tierra y dedican la mayor parte de su tiempo a intentar ayudar a los demás. Tienen una gran capacidad de trabajo, dedicándose a varios proyectos al mismo tiempo. Son personas muy envidiadas lo que, a veces, les causa cierta tristeza. Cuando el genio contrario domina – pueden tomar el camino de los vicios.

5º Ángel – Mahasiah (24/03, 05/06, 17/08, 29/10, 10/01) Los protegidos de este ángel poseen una gran capacidad de aprendizaje porque traen muchos recuerdos de otras encarnaciones. Son equilibrados y actúan siempre de acuerdo con las leyes. Pueden dedicarse a trabajar con los seres espirituales pues, su comunicación con los ángeles es muy fuerte. Les gusta vivir confortablemente, en espacios grandes y rodeados de libros. Cuando el genio contrario domina – se aprovechan de la buena fe de los demás.

6º Ángel - Lelahel (25/03, 06/06, 18/08, 30/10, 11/01) Los que nacen bajo la protección de este ángel son seres equilibrados e idealistas. Son muy dotados para las artes y pueden conseguir grandes fortunas, porque nacieron con una luz interior que siempre los guía por el mejor camino. Se sienten atraídos por lo desconocido y, fácilmente, consiguen contactar otras dimensiones. Son seres dotados de gran capacidad de amar siendo, por eso, muy fácil encontrar el amor en todos los caminos que recorren. Cuando el genio contrario domina – se vuelven ambiciosos y oportunistas.

7º Ángel - Achaiah (26/03, 07/06, 19/08, 31/10, 12/01) Quienes nacen bajo la influencia de este ángel reconocen la existencia y la importancia de la espiritualidad desde muy temprano. Son curiosos, persistentes y buscan la verdad por encima de todo. Son muy pacientes y tolerantes. Cuando el genio contrario domina – se vuelven negligentes y pierden la capacidad de enfrentar las dificultades.

8º Ángel - Cahethel (27/03, 08/06, 20/08, 01/11, 13/01) Los protegidos de este ángel son personas equilibradas y con un fuerte dominio sobre sus emociones. Siempre siguen su intuición incluso si, a veces, eso los hace incomprendidos. Les gusta viajar para contactar culturas diferentes. Cuando el genio contrario domina – se vuelven orgullosos y conflictivos.

9º Ángel - Haziel (28/03, 09/06, 21/08, 02/11, 14/01) Si nació bajo la protección de este ángel tendrá tendencia a realizar trabajos importantes, conquistando con ello la simpatía de todos. Es una persona con un carácter noble y leal. Confía en la protección divina y sabe que en los momentos más difíciles puede contar con ella. No teme los obstáculos porque cree que el bien siempre triunfará. Posee una enorme capacidad para perdonar. Cuando el genio contrario domina – se vuelve arrogante.

10º Ángel - Aladiah (29/03, 10/06, 22/08, 03/11, 15/01) Quien nace bajo la protección de este ángel será recordado como un ser de corazón abierto, siempre listo para practicar la bondad. Actuará como un ángel en la tierra, ayudando a todos los que recurran a él. A pesar de tener una vida social intensa, es reservado y dedicado a la familia. Siempre sabrá elegir el camino más acertado pues, está dotado de una gran imaginación y autoconfianza. Sus esfuerzos siempre irán en el sentido de contribuir a la formación de una sociedad más justa. Cuando el genio contrario domina – se vuelve negligente y con fuerte tendencia a practicar actos poco correctos.

11º Ángel - Laoviah (30/03, 11/06, 23/08, 04/11, 16/01) Si nació bajo la protección de este ángel se hará famoso(a) por sus hechos y sabrá extraer de todas las vivencias los conocimientos necesarios para su crecimiento. En términos financieros fácilmente alcanzará la prosperidad. Está dotado(a) de una gran capacidad de amar. Cuando el genio contrario domina – se vuelve descortés, ambicioso(a) y celoso(a).

12º Ángel - Hahahiah (31/03, 12/06, 24/08, 05/11, 17/01) Los protegidos de este ángel tienen una personalidad muy marcada, son inteligentes, espirituales y discretos. Sus actitudes hacia los demás son siempre equilibradas y se rigen por la tolerancia. Son calmados y nacieron con la misión de enseñar, valorando los libros como una de las formas de conocimiento. Su discurso está siempre en sintonía con el universo y su carisma y belleza les facilitan las relaciones afectivas. Cuando el genio contrario domina – se vuelven indiscretos.

13º Ángel - Yesalel (01/04, 13/06, 25/08, 06/11, 18/01) Los nacidos bajo la protección de este ángel son muy inteligentes, poseen una gran capacidad de memoria y de aprendizaje en todas las áreas. Aceptan la vida tal como es, no quejándose ni lamentándose de las cosas menos buenas. Siempre evitan juzgar a los demás, capacidad que les viene de su conexión saludable con la espiritualidad. Su optimismo les ayuda a encontrar amigos en todos los lugares por donde pasan. Cuando el genio contrario domina – se vuelven caprichosos.

14º Ángel - Mebahel (02/04, 14/06, 26/08, 07/11, 19/01) Si nació bajo la protección de este ángel aprecia las artes y las ciencias esotéricas. Tiene capacidad para trabajar con la magia, lo que hace a menudo como forma de expandir su espiritualidad. Es justo(a) y recto(a) en sus relaciones con los demás y simplifica la vida al máximo. Es extremadamente alegre, lo que le hace una compañía muy agradable. Cuando el genio contrario domina – se vuelve muy individualista y poco tolerante.

15º Ángel – Hariel (03/04, 15/06, 27/08, 08/11, 20/01) Los que nacen bajo la protección de este ángel son seres que viven de forma simple y siempre agradecidos a la vida. Poseen conocimientos de las ciencias esotéricas y, a través de su trabajo, pueden contribuir al crecimiento de la espiritualidad. Su sentido del humor hará más alegre la vida de los que los rodean y harán muchos amigos. Cuando el genio contrario domina – se vuelven muy materialistas.

16º Ángel - Hekamiah (04/04, 16/06, 28/08, 09/11, 21/01) Los protegidos de este ángel son sinceros, leales y su palabra de orden es la paz. Tienen una fuerte tendencia a ayudar a los oprimidos, demostrando una valentía incomparable. Se convierten en personas prestigiosas por su carácter franco y por sus acciones. Son muy sensuales y valoran la apariencia física. Detestan la rutina y son muy creativos. Cuando el genio contrario domina – se vuelven personas infieles.

17º Ángel - Lauviah (05/04, 17/06, 29/08, 10/11, 22/01) Quien nace bajo la influencia de este ángel domina la simbología, volviéndose conocido(a) por las interpretaciones que hace de la misma. Pueden ser famosos(as) en áreas como la música, pintura o escritura. Todos sus sueños se realizarán, pero lucharán siempre para conseguir una situación económica confortable. Cuando el genio contrario domina – pueden volverse falsos(as) e inspirar miedo en los demás.

18º Ángel - Caliel (06/04, 18/06, 30/08, 11/11, 23/01) Si nació bajo la protección de este ángel posee un fuerte magnetismo personal y es muy inteligente. Detesta las ideas vagas y se esfuerza por dominar los conocimientos importantes de las áreas que más le agradan. Es justo(a) e íntegro(a) en sus relaciones con los demás. Cuando el genio contrario domina – se vuelve intrigante y con tendencia a crear conflictos.

19º Ángel - Leuviah (07/04, 19/06, 31/08, 12/11, 24/01) Los protegidos de este ángel son seres muy simples y modestos. Adoran las artes, pudiendo hacer de estas su profesión. Nunca desaniman ante las adversidades de la vida pues, saben que están protegidos y amados por los seres de luz. No permiten que los demás interfieran en su vida personal, ni interfieren en asuntos que no les conciernen directamente. Son amables en sus relaciones cotidianas. Cuando el genio contrario domina – se vuelven demasiado intolerantes.

20º Ángel - Pahaliah (08/04, 20/06, 01/09, 13/11, 25/01) Si nació bajo la protección de este ángel es una persona con una personalidad muy fuerte que nunca se da por vencido(a) en la lucha por lo que quiere. Le gusta mucho estar en paz, pero no soporta la soledad. Es un verdadero optimista y siempre conserva la sonrisa, incluso en los momentos más difíciles. Cuando el genio contrario domina – se vuelve prepotente.

21º Ángel - Nelchael (09/04, 21/06, 02/09, 14/11, 26/01) Si está bajo la influencia de este ángel posee una gran capacidad de liderazgo, autocontrol y una paciencia infinita. Amante de la belleza, no soporta la vulgaridad. Adora la poesía y la pintura. En las relaciones busca su alma gemela y soporta bien la soledad si no la encuentra. Cuando el genio contrario domina – se vuelve agresivo(a).

22º Ángel - Ieiaiel (10/04, 22/06, 03/09, 15/11, 27/01) Las personas que nacen bajo la protección de este ángel viven con una necesidad imperiosa de viajar y de conocer cosas nuevas. Son originales en su forma de pensar y actuar y tienen una gran capacidad de comunicación. Poseen capacidades mediúmnicas. Cuando el genio contrario domina – se vuelven racistas.

23º Ángel - Melahel (11/04, 23/06, 04/09, 16/11, 28/01) Los protegidos de este ángel son personas muy correctas, amantes del orden y cumplidores de sus tareas. Se expresan con mucha claridad, especialmente en lo que respecta a los sentimientos. Aunque se muestran reservados en los primeros contactos, fácilmente hacen amistades que conservan para siempre. Defienden la naturaleza y los animales con la misma intensidad con que defienden a los seres humanos. Cuando el genio contrario domina – se vuelven mentirosos.

24º Ángel - Haheuiah (12/04, 24/06, 05/09, 17/11, 29/01) Los protegidos de este ángel tienen una conexión muy fuerte con los progenitores y sienten mucha dificultad para dejar el hogar. Se preocupan mucho por la seguridad de la familia y de la comunidad. Son muy inteligentes y con una capacidad innata para los negocios. La religión podría traerles respuestas a sus dudas. Cuando el genio contrario domina – incitan a otros a la violencia.

25º Ángel - Nith-Haiah (13/04, 25/06, 06/09, 18/11, 30/01) Los protegidos de este ángel son seres moderados, serenos, equilibrados y muy pacientes. Aman la paz, la soledad y la contemplación y viven en perfecta armonía con la naturaleza. No cuestionan las dificultades que les surgen. Son muy protegidos por familiares y amigos. Cuando el genio contrario domina – se vuelven rencorosos.

26º Ángel - Haaiah (14/04, 26/06, 07/09, 19/11, 31/01) Quien nace bajo la protección de este ángel es justo, equilibrado y bondadoso. Aprecia las relaciones duraderas. Adora viajar adaptándose a todos los ambientes. Es muy popular. Cuando el genio contrario domina – se vuelve demasiado ambicioso.

27º Ángel - Ierathel (15/04, 27/06, 08/09, 20/11, 01/02) Las personas que nacen bajo la protección de este ángel son muy inteligentes y equilibradas. Cultivan una apariencia noble, viven alegremente y poseen una gran capacidad de iniciativa. Nunca desisten de sus objetivos. Son muy dotadas para las artes adivinatorias y pueden practicar cualquier oráculo que les agrade. Cuando el genio contrario domina – se vuelven intolerantes y violentas.

28º Ángel - Seheiah (16/04, 28/06, 09/09, 21/11, 02/02) Quien nace bajo la protección de este ángel es muy sensato y actuará siempre con prudencia y sabiduría. Son seres para quienes la verdad tiene mucho valor y que tienen una gran facilidad para superar los obstáculos, gracias a sus capacidades imaginativas. Poseen el poder de la curación. Cuando el genio contrario domina – se vuelven personas desorganizadas y sus vidas pueden ser caóticas.

29º Ángel - Reyel (17/04, 29/06, 10/09, 22/11, 03/02) Las personas protegidas por este ángel se distinguen por sus cualidades y por el deseo de propagar la esperanza. Viven de manera ejemplar amando la paz, el silencio y la justicia. Revelan una gran espiritualidad que a menudo se manifiesta a través del arte. Cuando el genio contrario domina – se vuelven egoístas e hipócritas.

30º Ángel - Omael (18/04, 30/06, 11/09, 23/11, 04/02) Los protegidos de este ángel son seres justos, que viven en perfecta armonía con el universo. Poseen una buena dosis de autoconfianza que les ayuda a nunca desistir de sus ideales. Saben que están protegidos por su ángel y es de ahí de donde viene su fuerza interior. Son amantes de la naturaleza y de los animales. Cuando el genio contrario domina – se vuelven indiferentes a todo.

31º Ángel - Lecabel (19/04, 01/07, 12/09, 24/11, 05/02) Quien nace bajo la influencia de este ángel está dotado de una gran valentía para enfrentar las adversidades de la vida. Le gusta mucho leer y tiene tendencia a profundizar en las lecturas de los temas que más le interesan, especialmente sobre la reencarnación. Lucha por la preservación de la naturaleza y tiende a adoptar a los animales que encuentra abandonados. Cuando el genio contrario domina – se vuelve perezoso(a).

32º Ángel - Vasahiah (20/04, 02/07, 13/09, 25/11, 06/02) Los protegidos de este ángel son seres amables y modestos en sus relaciones. Poseen buena memoria y les gusta aprender otros idiomas. Dotados de una gran capacidad de comunicación, llevarán a todas partes la palabra de su ángel. Nunca posponen sus decisiones. Cuando el genio contrario domina – se vuelven irresponsables.

33º Ángel - Iehuiah (21/04, 03/07, 14/09, 26/11, 07/02) Las personas nacidas bajo la influencia de este ángel son muy comprensivas y amigables y mantienen una excelente relación con todo el mundo. Se esfuerzan por desarrollar sus capacidades espirituales y luchan con valentía por sus ideales. Para su equilibrio interior necesitan vivir en lugares tranquilos. Cuando el genio contrario domina – se vuelven intolerantes y obsesivas en la conquista de bienes materiales.

34º Ángel - Lehahiah (22/04, 04/07, 15/09, 27/11, 08/02) Los protegidos de este ángel son seres pacíficos, que se harán célebres por sus talentos y acciones. Defienden los principios morales, la bondad y la hospitalidad y sus actitudes serán siempre firmes. No soportan el desorden y para mantener su equilibrio emocional, necesitan vivir en lugares tranquilos y organizados. Sus capacidades paranormales pueden manifestarse a través de la telepatía y la clarividencia. Cuando el genio contrario domina – se vuelven tercos e insensatos.

35º Ángel - Chavakiah (23/04, 05/07, 16/09, 28/11, 09/02) Las personas que nacen bajo la protección de este ángel tienen dificultad para comprender y aceptar las desigualdades sociales. Siempre estarán del lado de los más débiles y desfavorecidos. Son seres prácticos que resuelven cualquier cuestión con facilidad, sin complicarse la vida. Son discretos y muy agradables en sus relaciones con terceros. Cuando el genio contrario domina – se vuelven antipáticos y con tendencia a provocar conflictos.

36º Ángel – Menadel (24/04, 06/07, 17/09, 29/11, 10/02) Quien nace bajo la protección de este ángel tendrá una fuerza de voluntad férrea, sin rendirse nunca ante sus sueños. Son seres inteligentes y autoconfiados, que siempre abordan los problemas de manera directa. Su extrema dedicación a los demás hace que muchas veces se sientan poco correspondidos. Siempre esperan sinceridad, lo que no siempre sucede. Podrían tener éxito en carreras relacionadas con la comunicación. Cuando el genio contrario domina – se vuelven personas perezosas.

37º Ángel – Aniel (25/04, 07/07, 18/09, 30/11, 11/02) Los nacidos bajo la influencia de este ángel serán célebres por sus talentos. Su entusiasmo por la vida es contagioso, lo que los hace bienvenidos en todos los lugares. Lucharán contra los prejuicios y por una sociedad más justa. Cuando el genio contrario domina – se vuelven personas materialistas y con tendencia a desentenderse de la familia.

38º Ángel – Haamiah (26/04, 08/07, 19/09, 01/12, 12/02) Las personas que nacen bajo la protección de este ángel seguirán los principios de Dios en todas las áreas de su vida. Sus conocimientos serán adquiridos a través de la lectura. Los demás podrán contar siempre con su ayuda y su capacidad intuitiva para resolver problemas. Son grandes defensores de las libertades individuales, detestando la posesividad. Cuando el genio contrario domina – se vuelven fanáticas.

39º Ángel – Rehael (27/04, 09/07, 20/09, 02/12, 13/02) Las personas que nacen bajo la protección de este ángel tienen la capacidad de curar a través de la imposición de manos, la fuerza de la mente y las oraciones o pensamientos positivos. Tienen tendencia a participar en todas las actividades de su comunidad como una forma de acercarse más a los demás. Son muy optimistas. Cuando el genio contrario domina – se vuelven crueles.

40º Ángel – Ieiazel (28/04, 10/07, 21/09, 03/12, 14/02) Los protegidos de este ángel son seres muy inteligentes, con gran vocación para la literatura y las ciencias. Sus ideas serán siempre brillantes y sus pensamientos sublimes. No están ligados al dinero, pero este nunca les faltará. Poseen un carácter noble y una fuerte intuición. Valorarán el amor por encima de todo. Cuando el genio contrario domina – se vuelven pesimistas y descuidados consigo mismos.

41º Ángel – Hahahel (29/04, 11/07, 22/09, 04/12, 15/02) Los nacidos bajo la protección de este ángel son amantes de la verdad y cumplidores de sus obligaciones. Saben que tienen una misión en la Tierra, pero luchan con la duda de no saber por dónde empezar para cumplir su camino. Siempre están rodeados de amigos y ponen el bien

de los demás por encima del suyo. Cuando el genio contrario domina –
tienden a despreciar a los que consideran por debajo de su nivel social.

42º Ángel – Mikael (30/04, 12/07, 23/09, 05/12, 16/02) Las personas que nacen bajo la protección de este ángel tienen, a lo largo de la vida, un comportamiento íntegro. Nunca toman decisiones precipitadas, observando siempre atentamente las opciones que les surgen. Son sinceros en sus relaciones, autoconfiados y de buen humor. Cuando el genio contrario domina – se vuelven egoístas.

43º Ángel – Veuliah (01/05, 13/07, 24/09, 06/12, 17/02) Las personas que nacen bajo la influencia de este ángel siempre asumirán un comportamiento íntegro, incluso en las situaciones más complicadas. Son muy trabajadoras, lo que contribuye a que se vuelvan prestigiosas en el medio en que viven. Son prudentes y superan los obstáculos con sensatez e inteligencia. Son sinceras y altruistas. No se pierden en conflictos interiores e iluminan a los demás con su inagotable autoconfianza y buen humor. Cuando el genio contrario domina – promueven la discordia a través de intrigas y malos consejos.

44º Ángel – Yealaiah (02/05, 14/07, 25/09, 07/12, 18/02) Los protegidos de este ángel adoran viajar, tienen muchos conocimientos y serán exitosos. Son personas muy seguras y trabajadoras. Siempre se sienten inspirados por su ángel, que les da fuerza para luchar por sus sueños. Cuando el genio contrario domina – provocan desazones por donde pasan.

45º Ángel – Sealiah (03/05, 15/07, 26/09, 08/12, 19/02) Quien nace bajo la protección de este ángel es muy unido a la casa y a la familia. Posee el don de la adivinación, que podrá utilizar para ayudar a los que le están cercanos. Este don puede serles transmitido por sueños, presentimientos o a través del uso de un oráculo. Su actuación hacia los demás aumentará su conexión con los ángeles. Cuando el genio contrario domina – se vuelven seres desequilibrados.

46º Ángel – Ariel (04/05, 16/07, 27/09, 09/12, 29/02) Quien tiene este ángel como su protector es un ser discreto, siempre dotado de ideas poco comunes y con un espíritu fuerte. Respeta a todos los seres humanos y nutre una afección especial por los más ancianos. Triunfará en todas las áreas de la vida. Cuando el genio contrario domina – asume actitudes inmaduras.

47º Ángel – Asaliah (05/05, 17/07, 28/09, 10/12, 21/02) Las personas que nacen bajo la protección de este ángel poseen un fuerte carisma, demostrando ternura y docilidad en sus relaciones. Tienen un carácter agradable y dinámico, involucrándose en inmensas actividades. En las cuestiones más complicadas actúan de inmediato, detestando las confusiones. Son orgullosas y les gusta destacarse en lo que hacen. Cuando el genio contrario domina – se vuelven muy posesivas.

48º Ángel – Mihael (06/05, 18/07, 29/09, 11/12, 22/02) Los protegidos de este ángel son seres dulces, amantes de la paz y grandes defensores de la humanidad. Defienden a todos los oprimidos y lucharán por los derechos de todos los seres humanos. Podrán trabajar con niños, especialmente en la salud, pues nacieron dotados para esta función. Son muy unidos a la familia. Cuando el genio contrario domina – tienden a provocar conflictos familiares.

49º Ángel – Vehuel (07/05, 19/07, 30/09, 12/12, 23/02) Los protegidos de este ángel son personas muy generosas, conocidas por sus virtudes y capacidad de comunicación. Su amistad hacia los demás es ilimitada y hacen todo para ayudar. Sus dotes intelectuales y la forma como luchan por sus ideales, pueden llevar a algunas personas a considerarlos obstinados. Nunca faltan a los compromisos. Cuando el genio contrario domina – se vuelven egoístas y vanidosos.

50º Ángel – Daniel (08/05, 20/07, 01/10, 13/12, 24/02) Las personas que nacen bajo la protección de este ángel son muy pacientes, aceptando los defectos de los demás como algo natural. No soportan la injusticia mostrándose, en estos casos, menos tolerantes. Detestan las situaciones dudosas y nunca actúan sin pensar. Cuando el genio contrario domina – se vuelven personas angustiadas.

51º Ángel – Hahasiah (09/05, 21/07, 02/10, 14/12, 25/02)
Quien nace bajo la protección de este ángel es muy creativo y vive su vida de manera armónica. Las revelaciones angelicales formarán parte de su cotidiano y guiarán sus pasos en la ayuda a los semejantes. Cuando el genio contrario domina – tendrá tendencia a engañar a los demás en beneficio propio.

52º Ángel – Imamaiah (10/05, 22/07, 03/10, 15/12, 26/02)
Quien tiene este ángel como su protector posee una personalidad fuerte y una gran capacidad de resistencia a la frustración. Las actitudes instintivas les son desconocidas. Actúan siempre con base en la razón y no toman riesgos innecesarios. Son inteligentes, sentimentales y optimistas. Cuando el genio contrario domina – se vuelven orgullosos.

53º Ángel – Nanael (11/05, 23/07, 04/10, 16/12, 27/02) Las personas protegidas por este ángel son muy afectuosas y su gran objetivo es que el amor sea la fuerza que domine el mundo. Luchan por este ideal y llevan sus vidas en paz y en armonía con las fuerzas universales. Cuando el genio contrario domina – se vuelven seres tristes, sin capacidad para luchar por sus sueños.

54º Ángel – Nithael (12/05, 24/07, 05/10, 17/12, 28 y 29/02)
Quien nace bajo la protección de este ángel será famoso por sus obras escritas y por su capacidad de hablar en público. Podrá ocupar cargos de liderazgo porque es justo, ordenado y nunca actuará contra las leyes. Logrará alcanzar todas las metas que se proponga. Cuando el genio contrario domina – se vuelven poco fiables.

55º Ángel – Mebahiah (13/05, 25/07, 06/10, 18/12, 01/03) Las personas que nacen bajo la protección de este ángel viven de manera simple, sin dar valor a los bienes materiales. A pesar de ser seres elevados siempre serán incomprendidos. A menudo, otros pensarán que son falsos, lo que les traerá grandes tristezas. Deberán profundizar sus contactos con los seres de Luz para poder superar estas cuestiones. Cuando el genio contrario domina – se manifestarán contra el amor.

56º Ángel – Poiel (14/05, 26/07, 07/10, 19/12, 02/03) Quien nace bajo la protección de este ángel es modesto y de buen humor, siendo estimado por todos los que le rodean. Creen que solo el amor hace felices a las personas. Son muy optimistas. Cuando el genio contrario domina – se dejan dominar por la ambición y el orgullo.

57º Ángel – Nemamiah (15/05, 27/07, 08/10, 20/12, 03/03) Los protegidos de este ángel se distinguirán por sus capacidades de liderazgo y su afecto por todo lo que existe en el universo. Lucharán por el derecho a la igualdad. Los ángeles se comunican con ellos a través de sueños, lo que les permite guiar a quienes les rodean. Cuando el genio contrario domina – se vuelven mentirosos y cobardes.

58º Ángel – Ieialel (16/05, 28/07, 09/10, 21/12, 04/03) Los protegidos de este ángel son conocidos por su coraje y franqueza en las relaciones. Son personas con un temperamento afectuoso, optimistas y decididas. No les gusta correr riesgos innecesarios. Cuando el genio contrario domina – se vuelven vengativos.

59º Ángel – Harahel (17/05, 29/07, 10/10, 22/12, 05/03) Quien nace bajo la influencia de este ángel será un ser inteligente, siempre en busca de nuevos conocimientos. Se distinguirá por su carisma, humor y coraje. Tendrá siempre el deseo de compartir los bienes materiales. Estas personas tendrán la capacidad de trabajar con oráculos y practicar curaciones. Cuando el genio contrario domina – se vuelven poco fiables.

60º Ángel – Mitzrael (18/05, 30/07, 11/10, 23/12, 06/03) Los protegidos de este ángel poseen muchos talentos que no dudan en poner al servicio de los demás. Buscan la sabiduría y el equilibrio, pasando la mayor parte de sus vidas estudiando. Reconocen la chispa divina en cada ser que se cruzan. Cuando el genio contrario domina – se vuelven arrogantes.

61º Ángel – Umabel (19/05, 31/07, 12/10, 24/12, 07/03) Las personas que nacen bajo la influencia de este ángel poseerán una fuerte sensibilidad y amor por todas las formas de vida. Les encanta viajar, pero los cambios bruscos les causan trastornos emocionales. Poseen una gran capacidad de sacrificio, no dudando en perjudicarse para beneficiar a los miembros de su familia. Cuando el genio contrario domina – se vuelven muy desapegados de la familia.

62º Ángel – Iah-Hel (20/05, 01/08, 13/10, 25/12, 08/03) Los protegidos de este ángel son seres tranquilos que aman la simplicidad y la tranquilidad por encima de todo. Cumplen con sus obligaciones familiares. Revelan un espíritu abierto y una energía que pueden utilizar en su crecimiento personal y para el bien común. Cuando están movidos por un ideal son perseverantes en sus actitudes. Cuando el genio contrario domina – viven de manera frívola.

63º Ángel – Anauel (21/05, 02/08, 14/10, 26/12, 09/03) Quien nace bajo la influencia de este ángel se distinguirá por su trabajo e inteligencia. Estas personas están dotadas de una fuerte intuición. La seguridad material no les preocupa pues, confían en la fuerza divina y saben que no les faltará nada. Cuando el genio contrario domina – utilizarán la inteligencia para descubrir las debilidades ajenas.

64º Ángel – Mehiel (22/05, 03/08, 15/10, 27/12, 10/03) Los protegidos de este ángel tienen como objetivo de vida el conocimiento. Son afectuosos y siempre descubren el lado bueno de las personas. Son muy tolerantes, lo que a veces les traerá algunos disgustos. Muchos pueden considerarlos ingenuos e intentar aprovecharse de la buena voluntad que demuestran. Cuando el genio contrario domina – se vuelven vanidosos.

65º Ángel – Damabiah (23/05, 04/08, 16/10, 28/12, 11/03) Los protegidos de este ángel son seres afortunados que alcanzarán una posición económica muy ventajosa. Viven de una manera excéntrica, privilegiando la aventura sobre todo. No crean lazos con los lugares donde viven y sienten una necesidad constante de cambio. La rutina les estresa mucho. Cuando el genio contrario domina – se vuelven emocionalmente desequilibrados.

66º Ángel – Manakel (24/05, 05/08, 17/10, 29/12, 12/03) Las personas nacidas bajo la protección de este ángel poseen muchas cualidades y se harán conocidas por su carácter, simpatía y bondad. Son muy luchadoras y no conocen la palabra desánimo. Nunca temerán recorrer caminos desconocidos. Harán muchos amigos a lo largo de su vida. Cuando el genio contrario domina – se vuelven muy desanimadas y sin fuerzas para luchar por sus sueños.

67° Ángel – Ayel (25/05, 06/08, 18/10, 30/12, 13/03) Las personas nacidas bajo la protección de este ángel están muy unidas a su familia, de la cual difícilmente se separan. Les gusta aprender y detestan las futilidades. Cuando el genio contrario domina – se vuelven amargadas.

68° Ángel – Habuhiah (26/05, 07/08, 19/10, 31/12, 14/03) Las personas nacidas bajo la protección de este ángel son nobles y altruistas en sus relaciones. Sin embargo, solo se acercan a aquellos con quienes tienen afinidades. Pueden tender a aislarse para sentir con más intensidad las fuerzas del universo. Cuando el genio contrario domina – tienen mucha dificultad para sentir afecto por los demás.

69° Ángel – Rochel (27/05, 08/08, 20/10, 01/01, 15/03) Los protegidos de este ángel son seres muy intuitivos y sienten el sufrimiento de todos los que los rodean. Poseen una fuerte energía y un espíritu creativo, lo que les ayudará a enfrentar todas las situaciones, incluso las más adversas. Cuando el genio contrario domina – se vuelven tercos y egoístas.

70° Ángel – Yabamiah (28/05, 09/08, 21/10, 02/01, 16/03) Las personas nacidas bajo la protección de este ángel han sido agraciadas con los poderes de todos los seres de luz. Nada de lo que sucede a su alrededor les pasa desapercibido. Cuando es necesario ayudar a alguien son los primeros en tomar la iniciativa. A pesar de ser reservados e introspectivos, su confianza y optimismo los harán personas muy solicitadas. Cuando el genio contrario domina – se vuelven arrogantes.

71° Ángel – Haiaiel (29/05, 10/08, 22/10, 03/01, 17/03) Quien nace bajo la influencia de este ángel luchará contra todo tipo de injusticias porque posee una fuerte noción de lo que está bien y lo que está mal. Su comportamiento será ejemplar, nunca perjudicando a nadie. Estas personas sienten a menudo la necesidad de aislarse para reencontrar el equilibrio emocional que las hace seres tan especiales. Cuando el genio contrario domina – se vuelven envidiosas.

72º Ángel – Mumiah (30/05, 11/08, 23/10, 04/01, 18/03) Los protegidos de este ángel adoran el cambio porque los obliga a nuevas formas de pensamiento. No soportan la tristeza y siempre intentan ayudar a los que se encuentran deprimidos. Sus ideales guiarán sus vidas y luchan por ellos sin nunca rendirse. Cuando el ángel contrario domina – se vuelven seres agresivos y tristes.

Ángeles de la Humanidad o Genios Son todas las personas que nacieron el 5 de enero, 19 de marzo, 31 de mayo, 12 de agosto y 24 de octubre. Tienen como misión cármica la protección de la humanidad. Son muy inteligentes y poseen la capacidad de controlar las fuerzas de los elementos (tierra, aire, fuego y agua) y de los elementales (hadas, gnomos, sílfides, ondinas y salamandras). Los que nacieron:

•El 05/01 son muy pacientes, comunicativos e inteligentes. Fácilmente alcanzan el éxito. Son excelentes consejeros pues, poseen una gran claridad espiritual y un fuerte sentido de la justicia.

•El 19/03 poseen un fuerte magnetismo y una perfecta conciencia de su poder. Nunca olvidan a sus semejantes, con quienes comparten su sabiduría y los bienes materiales. Son muy organizados y adoran los desafíos.

•El 31/05 son conocidos por su capacidad de comunicación y espíritu de aventura. Adoran nuevas experiencias, especialmente las que estimulan su inteligencia. Son muy activos y siempre están poniendo en práctica los conocimientos que adquieren.

•El 12/08 son muy extrovertidos y tienen un fuerte poder sobre los demás. Utilizan su energía en el estudio y en los descubrimientos. Les gusta enfrentar situaciones difíciles, son orgullosos y trabajadores.

•El 24/10 son muy emocionales, persistentes e intuitivos. No tienen dificultad en superar los momentos difíciles y están constantemente en busca de nuevos ideales.

Dones angélicos

Todos nosotros recibimos un don de cada uno de los 72 ángeles y estos dones nos ayudarán a lo largo de la vida. Conociendo el don que cada ángel nos ofrece podemos desarrollarlo a través de las oraciones, las meditaciones y el pensamiento positivo.

1º Ángel – Vehuiah Don – curiosidad

2º Ángel - Jeliel Don – armonía

3º Ángel – Sitael Don - nobleza de carácter

4º Ángel – Elemiah Don – misticismo

5º Ángel – Mahasiah Don – paz

6º Ángel – Lelahel Don – curación

7º Ángel – Achaiah Don – paciencia

8º Ángel – Cahethel Don – madurez

9º Ángel – Haziel Don - gracia divina

10º Ángel – Aladiah Don – corrección

11º Ángel – Laoviah Don – amor

12º Ángel – Hahahiah Don – videncia

13º Ángel – Yesalel Don – amistad

14º Ángel – Mebahel Don – justicia

15º Ángel – Hariel Don – pureza

16º Ángel – Hekamiah Don – liderazgo

17º Ángel – Lauviah Don - paz de espíritu

18º Ángel – Caliel Don – verdad

19º Ángel – Leuviah Don – modestia

20º Ángel – Pahaliah Don - inteligencia

21º Ángel – Nelchael Don - poder
22º Ángel – Ieiaiel Don – originalidad
23º Ángel – Melahel Don – seguridad
24º Ángel – Haheuiah Don – misericordia
25º Ángel - Nith-Haiah Don – sabiduría
26º Ángel – Haaiah Don – contemplación
27º Ángel – Ierathel Don – libertad
28º Ángel – Seheiah Don – fuerza interior
29º Ángel – Reyel Don – meditación
30º Ángel – Omael Don – respeto
31º Ángel – Lecabel Don – iluminación
32º Ángel – Vasahiah Don – clemencia
33º Ángel – Iehuiah Don – bondad
34º Ángel – Lehahiah Don – simpatía
35º Ángel – Chavakiah Don – reconciliación
36º Ángel – Menadel Don – prosperidad
37º Ángel – Aniel Don - dignidad
38º Ángel – Haamiah Don – visión
39º Ángel – Rehael Don – reconocimiento
40º Ángel – Ieiazel Don – escritura
41º Ángel – Hahahel Don – cumplimiento
42º Ángel – Mikael Don – diplomacia
43º Ángel – Veuliah Don – integridad
44º Ángel – Yealaiah Don – memoria
45º Ángel – Sealiah Don – humildad
46º Ángel – Ariel Don – genialidad
47º Ángel – Asaliah Don – comprensión
48º Ángel – Mihael Don – premonición
49º Ángel – Vehuel Don – generosidad
50º Ángel – Daniel Don – inspiración
51º Ángel – Hahasiah Don – creatividad
52º Ángel – Imamaiah Don – seguridad

53º Ángel – Nanael Don – tranquilidad
54º Ángel – Nithael Don – estabilidad
55º Ángel – Mebahiah Don – encanto
56º Ángel – Poiel Don – prestigio
57º Ángel – Nemamiah Don - amor incondicional
58º Ángel – Ieialel Don – franqueza
59º Ángel – Harahel Don – espiritualidad
60º Ángel – Mitzarel Don – equilibrio
61º Ángel - Umabel Don – sensibilidad
62º Ángel - Iah-Hel Don – honestidad
63º Ángel – Anauel Don – sagacidad
64º Ángel – Mehiel Don - fuerza de voluntad
65º Ángel – Damabiah Don – belleza
66º Ángel – Manakel Don – calma
67º Ángel – Ayel Don – perseverancia
68º Ángel – Habuhiah Don - elegancia
69º Ángel – Rochel Don – energía
70º Ángel – Yabamiah Don – optimismo
71º Ángel – Haiaiel Don – victoria
72º Ángel – Mumiah Don – magia

El Auxilio de los Ángeles

No solo cuentas con la ayuda de tu ángel de la guarda. Todos los ángeles están disponibles para ayudar, siempre que se les pida. Sepa a qué ángeles puede pedir ayuda en cada situación:

1º Ángel – Vehuiah – para la resolución de situaciones difíciles.

2º Ángel – Jeliel – para la paz en el hogar.

3º Ángel – Sitael – en todas las adversidades.

4º Ángel – Elemiah – cuando te sientes confundido(a).

5º Ángel – Mahasiah – para vivir en paz.

6º Ángel – Lelahel – cuando sientes que alguien te desea el mal.

7º Ángel – Achaiah – cuando te sientes impaciente.

8º Ángel – Cahethel – para los bienes materiales.

9º Ángel – Haziel – la gracia de Dios.

10º Ángel – Aladiah – cuando estás enfermo o te sientes víctima de maldades.

11º Ángel – Laoviah – para desarrollar tus talentos naturales.

12º Ángel – Hahahiah – cuando necesitas obtener cualquier revelación a través de los sueños.

13º Ángel – Yesalel – para proteger las amistades.

14º Ángel – Mebahel – para conocer la verdad.

15º Ángel – Hariel – para pedir fe en momentos de desespero.

16º Ángel – Hekamiah – para obtener la victoria en cualquier asunto.

17º Ángel – Lauviah – alejar la tristeza y dormir bien.

18º Ángel – Caliel – confundir a las personas que le desean mal.

19º Ángel – Leuviah – aumentar la inteligencia y la memoria.

20º Ángel – Pahaliah – encontrar su vocación.

21º Ángel – Nelchael – proteger de las calumnias.

22º Ángel – Ieiaiel – protección en los viajes.

23º Ángel – Melahel – proteger de los asaltos.

24º Ángel – Haheuiah – proteger a los exiliados, los prisioneros y aquellos condenados injustamente.

25º Ángel – Nith-Haiah – descubrir la verdad en cuestiones espirituales.

26º Ángel – Haaiah – ganar procesos judiciales.

27º Ángel – Ierathel – protección en asuntos burocráticos.

28º Ángel – Seheiah – protección en casos de enfermedad.

29º Ángel – Reyel – proteger de aquellos que pueden causar daño.

30º Ángel – Omael – en momentos de desesperación.

31º Ángel – Lecabel – obtener iluminación para resolver problemas difíciles.

32º Ángel – Vasahiah – protección general.

33º Ángel – Iehuiah – proteger de los envidiosos.

34º Ángel – Lehahiah – vivir en armonía con los demás.

35º Ángel – Chavakiah – ayudar en la reconciliación de parejas.

36º Ángel – Menadel – encontrar objetos perdidos.

37º Ángel – Aniel – obtener victorias.

38º Ángel – Haamiah – descubrir secretos.

39º Ángel – Rehael – para que los demás reconozcan sus actos.

40º Ángel – Ieiazel – protege a escritores y periodistas.

41º Ángel – Hahahel – contra la calumnia.

42º Ángel – Mikael – en los viajes.

43º Ángel – Veuliah – liberar de vicios y vencer la depresión.

44º Ángel – Yealaiah – ayuda en causas judiciales y protege contra los asaltos.

45º Ángel – Sealiah – para tener esperanza y vencer el orgullo.

46º Ángel – Ariel – encontrar objetos perdidos y facilitar sueños premonitorios.

47º Ángel – Asaliah – alcanzar objetivos en cualquier área.

48º Ángel – Mihael – conseguir inspiración.

49º Ángel – Vehuel – facilita la comunicación con Dios.

50º Ángel – Daniel – toma de decisiones.

51º Ángel – Hahasiah – toma de conciencia e inteligencia.

52º Ángel – Imamaiah – alejar a los enemigos.

53º Ángel – Nanael – protege a los profesores y a quienes trabajan con leyes.

54º Ángel – Nithael – protege a las familias, los negocios y ayuda a quienes necesitan favores de otros.

55º Ángel – Mebahiah – protege de las personas que no le desean bien.

56º Ángel – Poiel – para obtener prestigio y fortuna.

57º Ángel – Nemamiah – combatir los vicios y prosperar en todas las áreas.

58º Ángel – Ieialel – vencer la tristeza.

59º Ángel – Harahel – salud.

60º Ángel – Mitzrael – liberar de las persecuciones y curar los males del espíritu.

61º Ángel – Umabel – favorece los estudios, especialmente los esotéricos, y facilita las amistades.

62º Ángel – Iah-Hel – alcanzar la sabiduría y combatir la violencia.

63º Ángel – Anauel – ayuda en las causas espirituales.

64º Ángel – Mehiel – protege contra los accidentes de tráfico, contra la ira y las enemistades.

65º Ángel – Damabiah – emprendimientos.

66º Ángel – Manakel – ayuda a calmar la ira y a alejar la maldad.

67º Ángel – Ayel – preservación de los bienes materiales.

68º Ángel – Habuhiah – recuperación de la salud.

69º Ángel – Rochel – alcanzar la fama y la fortuna.

70º Ángel – Yabamiah – protege contra las inclemencias del tiempo.

71º Ángel – Haiaiel – libera de las personas que te desean mal.

72º Ángel – Mumiah – protege de la magia negra.

Cómo contactar con los Ángeles

Lo más importante para establecer un buen contacto con los ángeles es la "ligereza" de tu mente y de tu corazón. El odio, la ira, el miedo y las preocupaciones bloquean los canales de comunicación con ellos. Reza, invoca, medita, haz afirmaciones... y recuerda que tu ángel de la guarda está siempre cerca, siempre que tu energía lo permita.

El Altar

Un altar es una representación, en miniatura, del conjunto del templo y del universo, el lugar donde lo sagrado se reproduce. Cualquier oración, o un simple pedido son actos de magia que, cuando sea posible, deben hacerse en este lugar. Arregla un espacio en el que te sientas bien y haz de él tu altar.

Qué puedes colocar en el altar

•Plumas, flores, piedras, conchas, hojas, fotos, imágenes... todo lo que tenga un significado para ti, que te recuerde momentos bonitos, que te haga sentir conectado(a) con los ángeles y el universo.

Diario de los Ángeles

Consigue un cuaderno y haz de él tu Diario de los Ángeles. En él podrás escribir todo lo que piensas y sientes. Puedes pegar imágenes, fotos, dibujar... Haz de esta actividad una práctica diaria, un momento de serenidad en el que te comunicas con tu ángel y liberas tu mente. Rituales que puedes practicar diariamente

Por la mañana, al despertar –

•Salude a su Ángel de la Guarda

•Levante las manos por encima de la cabeza y forme con ellas un triángulo.

•A continuación, colóquelas delante del pecho y salude a su ángel.

•Dé un paso hacia adelante, abra las manos con las palmas hacia arriba.

•Ofrézcale su amor y su alegría y agradezca la ayuda que él le prestará durante el día.

Antes de dormir –

•Cierre los ojos, respire profundamente, relájese e imagine un triángulo de luz blanca sobre usted.

•En el centro de ese triángulo está su ángel de la guarda.

•Siéntelo y visualícelo, diciendo: "Ángel de la Guarda, bendito seas por acompañarme y amarme. Te agradezco el día de hoy con amor."

Ángeles y flores

Una de las formas de ayudar a su ángel a acercarse a usted es colocar flores en su altar, en su casa, oficina... Si puede, manténgalas en la tierra, no las corte. Si es posible, elija las flores que corresponden a su príncipe:

Metatrón – margarita

Raziel - pensamiento

Tsaphkiel – violeta

Tsadkiel – clavel

Camael – narciso

Rafael – orquídea

Haniel – tulipán

Mikael – gladiolo Gabriel – rosa

Ángeles y cristales

Los cristales tienen el poder de equilibrar las energías y ayudan en la práctica de la meditación. A cada orden angelical corresponde un cristal. Elija el suyo de acuerdo con la orden a la que pertenece.

Serafines – cornalina

Querubines – topacio

Tronos – jaspe

Dominaciones – crisólito

Virtudes – zafiro

Potestades – berilo

Principados – ónix

Arcángeles - rubí

Ángeles - esmeralda

Los cristales necesitan ser limpiados antes de ser utilizados. Para limpiar su cristal debe:

•Colocarlo en un recipiente con agua y sal, durante 1 hora.

•Después de retirarlo del agua, sin secarlo, colóquelo durante una noche a la luz de la luna.

•Al día siguiente, déjelo al sol (poco tiempo).

•Tras concluir este proceso de limpieza, conságralo a su ángel de la guarda y pídale que lo utilice para bloquear todas las energías negativas que sean dirigidas hacia usted. Ahora su cristal está listo para ser utilizado. Puede colocarlo en el altar o llevarlo consigo.

Ángeles y esencias

Los aceites esenciales son una forma sencilla y efectiva de establecer contacto con tu ángel de la guarda o con cualquier otro ángel a quien necesites pedir ayuda. Antes de utilizarlos debe concentrarse en la cuestión o situación que desea ver resuelta y hacer una oración. Para saber qué esencia utilizar consulte la lista que sigue.

Absenta – amor y sexualidad

Acacia – trabajo, negocios

Ruda – limpia los ambientes de energías negativas y protege espiritualmente

Romero – aleja los pensamientos negativos

Lavanda – tranquilidad, pensamientos positivos

Ámbar – autoconfianza, afrodisíaco

Anís – atrae la suerte y las buenas energías

Artemisa – estimula la mente

Vainilla – combate la depresión

Benjuí – creatividad

Café – prosperidad financiera

Manzanilla – calmante

Canela – afrodisíaco, cura, buenas vibraciones

Alcanfor – elimina energías negativas

Cedro – armonía, energía física, adivinación

Cidrera – amor, relajamiento

Hinojo – envidias

Eucalipto – renovación de energías

Menta – concentración, toma de decisiones

Flor de naranjo – amor, prosperidad económica

Gardenia – paz, amor, protección

Jengibre – limpieza espiritual, dinero

Geranio – protección física y mental

Menta – magias de cura, sabiduría

Jazmín – energía física, armonía en las relaciones

Lavanda – dormir bien, depresión, rituales de protección

Limón – ánimo

Lirio – amor, justicia

Miel – superar dolores emocionales

Mirra – desarrollar la intuición

Nuez moscada – buena suerte en los negocios

Olíbano – pesares, meditación Pino – prosperidad, buena suerte

Rosa – energía positiva, amor

Sándalo – intuición, protección, purificación

Violeta – transmutación de energías

Verbena – amor, energías negativas

Hay diversas formas de utilizar los aceites esenciales, por ejemplo:

- Como purificadores de energías negativas del cuerpo - coloque una gota de aceite en la esponja del baño, o úselo como aceite de masaje.

- Como purificadores de ambientes - coloque unas gotas de aceite en un litro de agua hirviendo y úsela para lavar el suelo o en un pulverizador. También los puede usar puros, o en un quemador de aceite.

Dejan un olor muy agradable en los espacios.

Ángeles y velas

La llama de una vela simboliza la luz que ilumina la oscuridad, por eso, encender una vela con una intención es un acto mágico. Cuando desee encender una vela a los ángeles puede consagrarla de la siguiente manera:

•Elija el color de la vela de acuerdo con lo que desea atraer (ver página siguiente).

•Utilice uno de los aceites esenciales que le aconsejamos en el capítulo anterior.

•Si desea atraer energías positivas, frote la vela con el aceite desde arriba (mecha) hacia abajo.

•Si lo que quiere es eliminar energías negativas, pase el aceite en sentido contrario, es decir, de abajo hacia arriba. Mientras hace esto y al encender la vela, realice su oración y agradezca. Esté atento(a) al mensaje que la vela le transmite (ver páginas siguientes).

Simbología del color de las velas

Vela blanca – representa la pureza y la sinceridad. Puede ser utilizada para alejar el genio contrario y para obtener paz de espíritu y armonía.

Vela amarilla – simboliza el entusiasmo, la alegría, el poder personal y la vida. Puede ser utilizada para los estudios, los bienes materiales y los cambios.

Vela roja – representa la valentía, la pasión, la fuerza y el dinamismo. Puede ser utilizada en todos los casos que necesiten de una solución rápida.

Vela azul - representa la tranquilidad, la comprensión y la verdad. Puede ser utilizada para negocios y profesión.

Vela verde – simboliza la salud y la curación. Puede ser utilizada para la salud.

Vela rosa – representa el amor y la belleza. Puede ser utilizada para reconciliaciones, para encontrar el amor o en el esclarecimiento de dudas amorosas.

Vela morada – representa la espiritualidad. Puede ser utilizada para transmutar pensamientos negativos y para desarrollar la intuición.

Mensajes de las velas

Vela que tarda en encender – puede haber muchas energías negativas alrededor y los ángeles tienen dificultad en anclar. Haga una oración al Arcángel Miguel.

Cuando la luz de la vela adquiere tonos de azul – es señal de la presencia de los ángeles.

Cuando la llama forma una espiral – los ángeles ya han escuchado su mensaje y sus deseos serán realizados.

Cuando la mecha se divide en dos – su pedido no fue claro. Los ángeles no están consiguiendo entender. Formúlelo nuevamente.

Cuando la vela "llora mucho" (caen pequeñas gotas muchas veces) – los ángeles tienen dificultad para realizar lo que les ha pedido. Tal vez no sea lo mejor para usted.

Cuando queda mucha cera derretida en el recipiente en el que la vela ardió – es necesario repetir la oración más veces. No se rinda. Haga su oración diariamente hasta que el mensaje de la vela sea otro.

Mensajes Angélicos

Siempre que sienta la necesidad de "escuchar" a los ángeles puede leer un mensaje angélico. También puede hacerlo por la mañana, cuando se despierta, para prepararse para el nuevo día. Para saber cuál es el mensaje que los ángeles le envían haga lo siguiente:

•Lance 2 dados y sume los números que salgan. Si solo tiene un dado, lánzelo dos veces.

•Lea el mensaje correspondiente al número (consulte las páginas siguientes).

•Si lo prefiere, copie los mensajes en tarjetas. Barájelos y saque uno.

Mensajes:

2 – Mire todo con amor y se sentirá amado(a).

3- Por la noche, mire las estrellas y sienta que es parte de un universo fantástico.

4- No use sus palabras como flechas. Úselas para expresar amor.

5- No deje que la ira y la rabia hablen por usted.

6- Si se siente enojado(a) permanezca en silencio. Espere que el amor de los ángeles se manifieste en usted.

7- Esté atento(a) a los demás. Quizás necesiten una palabra de ánimo.

8- Mire a cada ser con amor.

9- No sienta miedo. Los ángeles acompañan cada uno de sus pasos.

10- Haga de este día un día mágico.

11- Lleve su esperanza a los demás y muéstreles que los ángeles están siempre con nosotros.

12 – No olvide, nunca, que es un ser especial y que los ángeles lo(a) aman.

Visualizaciones angélicas

La visualización es una técnica que utiliza las imágenes mentales para crear aquello que queremos que se materialice. Al practicar la visualización combatimos el nerviosismo y creamos un ambiente de paz y armonía que contribuye al bienestar físico y psíquico. Este método también despierta las capacidades intuitivas y contribuye al desarrollo de la espiritualidad.

Cómo invocar y visualizar a los ángeles:

- Siéntese en un lugar tranquilo donde no sea interrumpido(a).
- Cierre los ojos, lentamente.
- Imagínese en el centro de un triángulo de luz blanca.
- Visualice un ángel en cada punta y sintonícese con su energía.
- Siéntase envuelto(a) por la luz blanca que le trae una sensación de paz.
- Utilice las invocaciones que se encuentran a continuación o cree las suyas.
- Al invocar, cree en su mente una imagen clara de lo que desea. Siéntase utilizando, estando, siendo... aquello que pide.
- Al final, agradezca a los ángeles y véalos ascender envueltos en luz.

Invocaciones para atraer a los ángeles a su vida

- Pido la ayuda de los ángeles en todos los momentos de mi vida.
- Invoco a los ángeles para que me guíen hacia la felicidad.
- Ángeles de la luz iluminad mi camino.
- Que los ángeles bendigan mis decisiones.
- Invoco a los ángeles para que purifiquen mis pensamientos.

•Invoco a los ángeles para que purifiquen mis sentimientos.

Invocaciones para sentir la fuerza de los ángeles dentro de sí

•Que los ángeles me envuelvan y me protejan.

•Que los ángeles bendigan mis sentimientos, mis pensamientos y mis decisiones.

•Que los ángeles bendigan mi mente, mi cuerpo, mi espíritu y mis emociones.

•Que los ángeles me concedan la pasión, la alegría y la valentía para expresar mi naturaleza angélica en todos mis actos.

•Que los ángeles me bendigan en todos los momentos de mi vida.

Invocaciones para sentirse protegido(a)

•Invoco a los ángeles para que velen por mí en todos los momentos.

•Que los ángeles me protejan en todos los lugares.

•Invoco a los ángeles para que guíen mis pasos lejos del peligro.

•Que la luz de los ángeles me cubra para que nada malo me ocurra.

Invocciones para las relaciones amorosas

•Que los ángeles traigan a mi vida la relación que más me convenga.

•Que los ángeles bendigan mi vida con una relación amorosa.

•Que mi relación sea bendecida con el amor de los ángeles.

Invocaciones para atraer la prosperidad

•Que el amor de los ángeles me ayude a prosperar.

•Invoco a los ángeles para que mi prosperidad se manifieste aquí y ahora.

•Que los ángeles guíen mis pasos en el camino de la prosperidad.

Afirmaciones angélicas

Las afirmaciones, o decretos, son frases que deben ser repetidas en número de tres, o múltiplos. Pueden hacerse en cualquier hora y en cualquier lugar: mientras viajas, en las compras, en casa, en la calle... La única cosa que necesitas es fe. Los ángeles añadirán al poder de tus palabras una intensidad que hará posibles los milagros.

Afirmaciones para:

Sentir el poder de los ángeles dentro de ti

• Mi naturaleza es angélica por eso, los ángeles se manifiestan en mí.

• La luz de los ángeles desciende sobre mí.

• Los ángeles guían mi vida.

• Reconozco el potencial angélico en los demás. Atraer a los ángeles a tu vida

• Abro mi corazón y mi mente a la orientación de los ángeles.

• Mi pensamiento es el puente hacia el reino de los ángeles.

• Siento la presencia de los ángeles en todo momento.

Atraer la prosperidad

• Los ángeles bendicen mi prosperidad.

• Sé que estoy protegido(a) por los ángeles y que nada me faltará.

• Agradezco la prosperidad que los ángeles me proporcionan.

Atraer el amor

• Con la bendición de los ángeles el amor se manifiesta en mi vida.

• Confío en los ángeles para que me guíen en el camino del amor.

Sentirse protegido(a)

• Sé que los ángeles me aman y me protegen.

- El amor de los ángeles protege mi mundo.
- Me siento seguro(a) porque los ángeles me acompañan.
- Atraigo la protección de los ángeles en todos mis actos.
- Agradezco a los ángeles su protección.

Atraer la curación angélica

- Los ángeles anulan aquí y ahora todos los dolores de mi cuerpo.
- Atraigo a los ángeles de la curación a mi vida.
- La luz de los ángeles me mantiene saludable.
- Agradezco la curación de los ángeles.

Meditaciones Angélicas

Aprender a meditar con los ángeles traerá muchos beneficios a su vida, como por ejemplo:

- disminución del estrés y la ansiedad;
- estabilidad emocional;
- desarrollo de la creatividad, la alegría y la intuición;
- desarrollo de la conciencia cósmica.

Puede practicar las meditaciones en grupo o solo(a), dentro de casa o al aire libre. Si prefiere meditar solo(a), grabe las meditaciones que siguen y utilícelas siempre que sienta el deseo de conectarse con los ángeles.

Meditación del ángel de la guarda

- Busque un lugar tranquilo donde se sienta bien.
- Siéntese, cierre los ojos, respire profundamente y una las manos a la altura del pecho.
- Sienta a su ángel de la guarda acercándose a usted.
- Visualice una luz blanca que lo(a) envuelve.
- Abra las manos, con las palmas hacia arriba, y colóquelas sobre las rodillas.
- Sienta la energía de su ángel envolviendo sus manos.
- Envíe esa energía por todo su cuerpo.
- Pida a su ángel que lo(a) acompañe siempre.
- Sienta el amor que su ángel tiene por usted.
- Abrácese.
- Agradezca a su ángel por el amor en su vida.
- Sienta las alas de su ángel tocando sus brazos.

•Lentamente, abra los ojos, respire profundamente y agradezca a su ángel.

Meditación de los siete arcángeles

•Busque un lugar tranquilo, si es posible al aire libre.

•Siéntese cómodamente, respire profundamente, cierre los ojos, una las manos y elévelas por encima de la cabeza.

•Sienta la energía cósmica envolviéndolo(a).

•Baje los brazos y coloque las manos en una posición cómoda.

•Visualice, frente a usted, al Arcángel Miguel.

•Déjese bañar por la luz azul que emana de él.

•Coloque las manos unidas junto al corazón.

•Agradézcale su protección.

•Ahora, suavemente, gire hacia su lado izquierdo.

•Visualice al Arcángel Jofiel.

•Reciba la luz amarilla que emana de él.

•Agradézcale su sabiduría.

•Visualice, ahora, al Arcángel Samuel.

•Absorba la luz rosa que él le envía.

•Agradézcale el amor en su vida.

•Concéntrate en el Arcángel Gabriel.

•DÉJESE ENVOLVER POR su luz blanca.

•Pídale que lo(a) guíe para que pueda cumplir con su plan divino.

•Agradezca.

•Ahora, suavemente, gírese hacia su lado derecho.

•Visualice al Arcángel Rafael.

•Déjese envolver por su luz verde.

•Agradézcale la salud en su vida.

•Dirija ahora su mirada hacia el Arcángel Uriel.

•Envuélvase en la luz dorada que emana de él.

•Agradezca la paz en su vida.

•Sienta la presencia del Arcángel Zadquiel.

•Deje que la luz violeta que él le envía transmute sus energías.

•Agradézcale la tolerancia y la benevolencia que siente hacia los demás.

•Suavemente, vuelva a la posición inicial.

•Visualice nuevamente al Arcángel Miguel.

•Una las manos y elévelas por encima de la cabeza.

•Visualice a todos los arcángeles a su alrededor.

•Deje que toda la luz que envían penetre en usted.

•Sienta la paz y el amor envolviendo todo su ser.

•Visualice a los arcángeles ascendiendo.

•Agradézcales su presencia.

•Respire profundamente, baje los brazos, extiéndalos hacia adelante, con las palmas hacia arriba.

•Mentalmente, trace un círculo a su alrededor y visualícelo lleno de la luz y energía que recibió de los arcángeles.

•Suavemente, respire profundamente, cuente hasta tres y abra los ojos.

Meditación de los ángeles de la primera orden

•Escoja un lugar tranquilo donde no sea interrumpido(a).

•Si lo prefiere, ponga música relajante y encienda un incienso y una vela.

•Póngase de pie, respire profundamente, cierre los ojos, extienda los brazos hacia adelante, con las palmas hacia arriba.

•Visualice a los Serafines, los Querubines y los Tronos descendiendo hacia usted.

•Usted está en el centro del triángulo formado por ellos.

•Siéntese en una posición cómoda.

•Deje que la luz que emana de los ángeles lo(a) envuelva.

•Concéntrese en los Serafines.

•De ellos sale un rayo de luz roja que penetra en usted por el chakra del tercer ojo.

•Absorba esa luz y agradezca la abundancia en su vida.

•Deje que la luz roja queme todos los pensamientos de inseguridad y duda que tiene dentro de sí.

•Véalos desaparecer.

•Observe a los Querubines.

•Visualice un rayo de luz blanca que sale de ellos y penetra en usted a través del chakra del corazón.

•Sienta esa luz quemando su karma negativo.

•Agradezca.

•Ahora mire a los Tronos.

•Visualice un rayo de luz violeta que emana de ellos y penetra en usted por el chakra del plexo solar.

•Sienta toda su fragilidad emocional siendo curada.

•Agradezca.

•Visualice a los ángeles ascendiendo llevándose todas sus preocupaciones.

•Agradezca.

•Suavemente, respire profundamente, cuente hasta tres y abra los ojos.

Meditación de los ángeles de la segunda orden

•Busque un lugar tranquilo, al aire libre, y acuéstese.

•Extienda los brazos a lo largo del cuerpo, con las palmas hacia abajo.

•Sienta sus manos recibiendo la energía de la Tierra.

•Cierre los ojos y visualice a las Dominaciones, las Potestades y las Virtudes acercándose a usted.

•Visualice el círculo que los ángeles han formado a su alrededor.

•Abra los brazos, vuelva las palmas hacia arriba y reciba la luz plateada que las Dominaciones le envían.

•Coloque los brazos sobre el pecho, con las manos unidas, y agradezca.

•Abra de nuevo los brazos y visualice la luz azul, que emana de las Potestades, cubriendo todo su ser.

- Coloque los brazos sobre el pecho, una las manos y agradezca.
- Vuelva a abrir los brazos.
- Absorba la luz verde de las Virtudes.
- Coloque los brazos sobre el pecho, con las manos unidas, y agradezca.
- Mantenga la posición y agradezca a las Dominaciones por la victoria en su vida; a las Potestades por la orientación que le dan y a las Virtudes, por la protección contra el mal.
- Sienta las alas de los ángeles tocando, levemente, su rostro.
- Envuélvase en ese toque, en ese amor.
- Levántese y sienta a los ángeles circulando a su alrededor mientras ascienden, llevándose todo lo que no quiere en su vida.
- Agradezca.
- Suavemente, respire profundamente, cuente hasta tres y abra los ojos.

Meditación de los Ángeles de la tercera orden

- Busque un lugar tranquilo, donde no pueda ser interrumpido(a).
- Si lo prefiere, ponga música suave y encienda un incienso y una vela.
- Siéntese cómodamente, respire profundamente y coloque las manos sobre las rodillas, con las palmas hacia arriba.
- Visualice a los Principados, los Arcángeles y los Ángeles descender.
- Levante los brazos por encima de la cabeza y una las manos.
- Sienta la luz rosa de los Principados penetrar en usted, a través de sus dedos.
- Mírelos y agradezca la capacidad de justicia que le otorgan.
- Baje los brazos y coloque las manos unidas junto al corazón.
- Concéntrate en los Arcángeles.
- Sienta toda la fuerza que emana de ellos.
- Deje que su luz azul forme un círculo a su alrededor.
- Agradézcales la estabilidad en su vida.
- Baje los brazos, coloque las manos en las rodillas, con las palmas hacia arriba.

• Observe a los Ángeles.

• Sienta una luz amarilla envolviéndolo(a).

• Agradezca la atención a sus plegarias.

• Sienta los rayos de luz rosa, azul y amarilla envolviendo todo su ser a medida que los Ángeles ascienden.

• Visualice todas sus preocupaciones partiendo con ellos.

• Una las manos y colóquelas junto al corazón.

• Agradezca.

• Suavemente, respire profundamente, cuente hasta tres y abra los ojos.

Meditación del Arcángel Zadkiel

• Busque un lugar tranquilo, preferentemente al aire libre.

• Siéntese cómodamente y respire profundamente.

• Coloque las manos sobre las rodillas, con las palmas hacia arriba.

• Visualice al Arcángel Zadkiel.

• Sienta el rayo de luz violeta que emana de él.

• Sienta esa luz penetrar en usted por el chakra de la corona.

• Ahora, suavemente, visualice esa luz descendiendo en espiral, en el sentido contrario a las agujas del reloj.

• Véala quemar todas las creencias negativas que hay en usted.

• Sienta la espiral de luz violeta limpiando el chakra del tercer ojo; el chakra laríngeo; el chakra del corazón; el chakra del plexo solar, el chakra sexual y el chakra raíz.

• Visualice la luz violeta saliendo del chakra raíz y penetrando en la tierra.

• Ahora, visualice el rayo de luz dorada que el Arcángel le envía.

• Recíbalo por el chakra de la corona.

• Deje que recorra todos los chakras, en espiral, en el sentido de las agujas del reloj.

• Sienta la paz, la ligereza, la confianza y el amor que esa luz dorada le trajo. -Visualice al Arcángel ascendiendo.

• Agradezca.

•Suavemente, respire profundamente, cuente hasta tres y abra los ojos.

Don't miss out!

Visit the website below and you can sign up to receive emails whenever Ana Mafalda Damião publishes a new book. There's no charge and no obligation.

https://books2read.com/r/B-A-KSCEB-LNTZC

BOOKS2READ

Connecting independent readers to independent writers.

Did you love *Ángeles en nuestra vida: cómo contactarlos y vivir en sintonía con el universo*? Then you should read *The Power of Saint Germain*[1] by Ana Mafalda Damião!

[2]

Dive into a fascinating spiritual journey guided by the sacred traditions surrounding the legendary Master of Transmutation, Saint Germain. This comprehensive guide provides deep insights into the history of Saint Germain, exploring his significance across various spiritual traditions and his enduring legacy.Structured in instructive chapters, the book unveils Saint Germain's teachings, emphasizing spiritual alchemy as a pathway to personal transformation. Readers will be guided through Saint Germain's unique energy, understanding its practical application and intrinsic connection with the universe.The work presents a hands-on approach, demonstrating how to integrate Saint Germain's energy into

---

1. https://books2read.com/u/mdYQgX

2. https://books2read.com/u/mdYQgX

daily life. Explore guided meditations that open portals to subtle energy, creative visualizations to construct vivid images of transformation, and positive affirmations to tune into the desired energetic frequency.Chapters dedicated to invocation rituals offer insights on creating sacred spaces for deeper connection, while conscious breathing practices teach entering the rhythm of transformation. The book culminates in a powerful gratitude and closing ritual, honoring Saint Germain and concluding the spiritual journey.The conclusion of the book comes full circle, tying together all explored elements, and unveils the inspiring story of Adrian, adding a personal and emotional touch to the narrative. "The Power of Saint Germain" is not just a spiritual guide but a transformative journey offering practical tools for those seeking inner change and spiritual growth.

Also by Ana Mafalda Damião

Autoconocimiento y Desarrollo Espiritual
Ángeles en nuestra vida: cómo contactarlos y vivir en sintonía con el universo

Aventuras para crianças
Paco: Uma Aventura de Coração

Desenvolvimento Pessoal e Espiritual
Meditação Kind/mindfulness: Programa de 84 dias para mudar a sua vida

Self-awareness
Therapeutic Writing - the Power of Writing in Personal Transformation

Self-Knowledge and Spiritual Development
Angels in Our Life - How to Contact Them and Live in Harmony with the Universe

Standalone

Escrita Terapêutica - o poder da escrita na transformação pessoal

Escrever...o quê? 20 + 8 ideias criativas

Escribir... 20 + 8 Ideas Creativas

Anjos na nossa vida - como contactá-los e viver em sintonia com o universo

Oráculo Das Bruxas

Símbolos E Imagens Para Prever O Futuro

Cristalomancia - A Arte Da Adivinhação Com Cristais

Dominomancia - A Arte Da Adivinhação Com O Dominó

Petit Lenormand - Como Interpretar

Oráculo Dos Druidas

O Poder de Saint Germain

Rituais de conexão - Deusas celtas

Connection Rituals – Celtic Goddesses

The Power of Saint Germain

Ten Plagues of Egypt